Ephialtes' Reform und die Entmachtung des Areopags. Die Funktionen des Areopags vor und nach 462/1

Greta Gamba

Bibliografische Information der Deutschen Nationalbibliothek:

Die Deutsche Nationalbibliothek verzeichnet diese Publikation in der Deutschen Nationalbibliografie; detaillierte bibliografische Daten sind im Internet über http://dnb.d-nb.de abrufbar.

ISBN: 9783389031469
Dieses Buch ist auch als E-Book erhältlich.

Druck und Bindung: Books on Demand GmbH, Norderstedt Germany
Gedruckt auf säurefreiem Papier aus verantwortungsvollen Quellen

Das vorliegende Werk wurde sorgfältig erarbeitet. Dennoch übernehmen Autoren und Verlag für die Richtigkeit von Angaben, Hinweisen, Links und Ratschlägen sowie eventuelle Druckfehler keine Haftung.

Das Buch bei GRIN: https://www.grin.com/document/1478385

Ephialtes´ Reform und die Entmachtung des Areopags.

Die Funktionen des Areopags vor und nach 462/1.

Inhaltsverzeichnis

I. Einleitung 1

II. Quellenproblem 2

III. Die Jahre 462 und 461 3

   1. Innen- und außenpolitische Lage Athens vor der Reform 3

   2. Die Reform Ephialtes' in Aristoteles' *Der Staat der Athener* 4

   3. Innen- und außenpolitische Lage Athens nach der Reform 4

IV. Die Funktionen des Areopags vor und nach 462/1 5

   1. Kontrolle der Amtsträger 5

   2. Gerichtshof mit Fokus auf *eisangelía* und Blutgericht 6

   3. Aufsicht über die Verfassung der Polis 7

V. Absichten der Reform 8

   1. These: Reform als natürliche Konsequenz 8

   2. These: Ephialtes war Demokrat 8

   3. These: Ephialtes' politischen Interessen 8

VI. Ephialtes als Vollender der Demokratie 9

VII. Fazit 9

VIII. Bibliographische Angaben 11

   1. Quellenverzeichnis 11

   2. Literaturverzeichnis 11

I.   Einleitung

Die vorliegende Seminararbeit befasst sich mit den Funktionen des Areopags und den Folgen für diesen nach der Reform Ephialtes´ von 462/1. Vor der Reform beschrieb Aristoteles den Areopag wie folgt:

> Der Rat der Areopagiten [...] hatte die Aufgabe, die Gesetze zu überwachen, war für die meisten und wichtigsten Angelegenheiten der Polis zuständig und befugt, alle Vergehen gegen die öffentliche Ordnung mit Strafen und Bußen zu ahnden.[1]

Nach der Reform 462/1 schrieb er über den Areopag:

> Dann [...] nahm er [Ephialtes] diesem Rat alle die [...] Funktionen wieder, durch die er Wächter der Verfassung war, und übertrug die einen den Fünfhundert, die anderem dem Volk und den Gerichten.[2]

Der Adelsrat war ein „altes Element politischer Ordnung",[3] in dem sich die soziale Elite formierte, sich beriet und über wichtige Entscheidungen verständigte.[4] Die ehemaligen Archonten mit vornehmer Herkunft und Reichtum übten das Amt der Areopagiten auf Lebenszeit aus.[5] Seine Macht beruhte nicht auf der Verfassung, sondern auf der errungenen Autorität bei der Perserabwehr.[6] Ephialtes, „Sohn des Sophondies, der als unbestechlich und loyal gegenüber dem Staatswesen galt",[7] war ein athenischer Staatsmann aus einer wohlhabenden Familie.[8] Durch seine Reform 462/1 nahm er angeblich dem Areopag seine Macht und übertrug sie auf den Rat der 500, auf die Volksversammlung und auf die Gerichte.[9]

Diese Arbeit richtet ihren Fokus auf die Frage, welche Funktionen Ephialtes dem Areopag nahm. In diesem Zusammenhang muss zunächst geklärt werden, welche Funktionen der Areopag vor 462/1 innehatte. Betrachtet werden dafür die einzigen bekannten Quellen, die über die Reform Ephialtes´ berichten: Aristoteles´ *Der Staat der Athener* und Plutarchs *Kimon*. Aufgrund dieser geringen Quellenlage führen der Areopag und die Reform des Ephialtes in der Forschung zu einigen Debatten: Relevant für die Fragestellung der Seminararbeit ist besonders die Forschung, die sich mit der Glaubwürdigkeit Aristoteles´ sowie den Aufgaben des Areopags befasst. C. Mann und P. J. Rhodes zweifeln die

---

[1] Aristot. Ath. pol. 3, 6.
[2] Ebd. 25, 2.
[3] Mann, C.: Die Demagogen und das Volk. Zur politischen Kommunikation im Athen des 5. Jahrhunderts v. Chr. Bd. 13: Klio. Beiträge zur Alten Geschichte. Berlin 2007, S. 51.
[4] Vgl. Mann: Demagogen, S. 54; Meier, C.: Athen. Ein Neubeginn der Weltgeschichte. Darmstadt 2004, S. 339.
[5] Vgl. Thallheim, T: s. v. Ἄρειος πάγος, RE 2,1 (1895), Sp. 627–633, Sp. 629; Aristot. Ath. pol. 3, 6.
[6] Vgl. Aristot. Ath. pol. 25, 1; Mann: Demagogen, S. 54.
[7] Aristot. Ath. pol. 25, 1.
[8] Vgl. Swoboda, H: s. v. Ephialtes, RE 5,2 (1905), Sp. 2849–2852, 2849f.
[9] Vgl. Mann: Demagogen, S. 50.

1

Quelle des Aristoteles´ an einigen Stellen an und auch, ob es einen Sinn gehabt hätte, dass der Areopag zu jener Zeit die Verfassung überwachte, die Rolle als Gerichtshof hatte sowie die Amtsträger kontrollierte.[10] Dem gegenüber K.-W. Welwei, der seine Thesen auf den Staat der Athener stützt[11] und auch J. Martin schreibt, dass durch die Reform des Ephialtes die Herrschaft des Areopags abrupt beendet worden sei.[12] Martin ist der Auffassung, dass Ephialtes dem Areopag die Aufgabe der Behördenkontrolle entzogen hätte.[13] T. E. Rihll vertritt die Ansicht, dass das Schweigen der Quellen für ein Schweigen des Areopags gesprochen hätte.[14] Demnach hatte dieser eventuell keine große Bedeutung, wie ihm durch Aristoteles zusprach.

Die Seminararbeit geht zunächst auf das Quellenproblem ein. Anschließend stellt sie die innen- sowie außenpolitische Lage um 462/1 dar, beschreibt dabei die Reform und macht deutlich, wie sie zustande kommen konnte. Im Zentrum der Seminararbeit steht die Diskussion der Funktionen des Areopags vor und nach der Reform. Hierbei richtet die Arbeit ihren Fokus auf die Aufgaben des Areopags als Beamtenkontrolleur, Gerichtshof sowie Verfassungsschützer. Kurz bearbeitet werden die Unklarheiten, die sich durch die Betrachtung der Funktionen des Areopags ergeben: Es wird sich mit Thesen zu den verfolgten Absichten der Reform auseinandergesetzt sowie die These erläutert, ob Ephialtes der Vollender der Demokratie war. Abschließend wird die Frage der Seminararbeit zusammenfassend beantwortet und ein Ausblick des Themas gegeben.

II.   Quellenproblem

Ein allgemeines Problem ist die spärliche Quellenlage jener Zeit, deshalb orientiert sich die Seminararbeit an den beiden Hauptquellen: Aristoteles´ *Der Staat der Athener*, Plutarchs *Kimon* sowie auf Textstellen aus Plutarch *Solon*, seinem *Perikles* und Thukydides´ *der Peloponnesische Krieg*. Beachtet werden muss jedoch, dass diese geringe Anzahl an Quellen zu Quellenproblemen sowie zu Uneinigkeiten und Widersprüchen führt. Rihll schreibt, dass die geringe Auskunft, die *der Staat der Athener* gibt, ein Vorteil sei und dafürspräche, dass Aristoteles nur das Bekannte wiedergegeben hätte und nichts

---

[10] Vgl. Mann: Demagogen, S. 51–53; Rhodes, P. J.: The Athenian Boule. Oxford 1972, S. 206.
[11] Vgl. Welwei, K.-W.: Das klassische Athen. Demokratie und Machtpolitik im 5. und 4. Jahrhundert. Darmstadt 1999, S. 91f.
[12] Vgl. Martin, J.: Von Kleisthenes zu Ephialtes. Zur Entstehung der athenischen Demokratie. In: Bedingungen menschlichen Handelns in der Antike. Gesammelte Beiträge zur Historischen Anthropologie. Hrsg. v. W. Schmitz. Stuttgart 2009, S. 389–427, S. 413.
[13] Vgl. Ebd., S. 417.
[14] Vgl. Rihll, T. E.: Democracy denied. Why Ephialtes attacked the Areiopagus. In: JHS 115 (1995), S. 87–98, S. 90.

hinzuerfunden hätte.[15] Diese These ist insofern kritisch zu betrachten, da sich die Texte Plutarchs und Aristoteles´ widersprechen und somit einer oder beide Autoren die Texte ergänzten. Zwar führen beide auf, dass auf Anraten Ephialtes´ der Areopag seinen Befugnissen beraubt wurde,[16] aber in Plutarchs *Perikles* übernimmt Perikles die Rolle des Initiators der Reform und Ephialtes taucht lediglich als Handlanger auf.[17] Viele Forscher nehmen an, dass Ephialtes nicht sehr berühmt war, weshalb er so selten in antiken Quellen auftaucht. Es wird vermutet, dass andere Demagogen, wie Perikles oder Themistokles, die Reform vorantrieben.[18] In seinem Text erwähnt Aristoteles Ephialtes´ Zusammenarbeit mit Themistokles,[19] der aber zu dieser Zeit, aufgrund seiner Verbannung, nicht in Athen gewesen sein konnte.[20] Somit fällt Themistokles als eigentlicher Initiator der Reform weg. Es ist anzunehmen, dass Ephialtes durch Perikles unterstützt wurde.[21] Eine weitere These ist, dass es keine nennenswerten Mitstreiter in den Quellen gab und Aristoteles sowie Plutarch Ephialtes Mitstreiter hinzudichteten, um ihn bedeutungsvoller zu machen.[22] Ein weiteres Quellenproblem bleibt, dass es keine Aufzeichnungen der Reform Ephialtes gibt.[23] Trotz dessen bleibt der Haupttenor der Quellen, dass Ephialtes dem Areopag Teile seine Macht raubte.[24]

III. Die Jahre 462 und 461

Um die Reform in den historischen Kontext einordnen und verstehen zu können, wie diese durchgesetzt werden konnte, müssen zunächst die Jahre 462 und 461 genauer betrachtet werden. In den Jahren sind zum einen innen- sowie außenpolitische Konflikte Athens bekannt, die Ephialtes für sich nutzen konnte.

1. Innen- und außenpolitische Lage Athens vor der Reform

Aufgrund eines Hilfegesuchs der Spartaner 462 gegen aufständische Messenier kam es zu innenpolitischen Spannungen, ob man Sparta helfen sollte. Ephialtes war gegen eine athenisch-spartanischen Entente. Sein Widersacher Kimon war dafür, weil Sparta nach ihm eine wichtige Bedeutung bei der Sicherung, der gewonnenen Position in Ägäis gegen

---

[15] Vgl. Rihll: Democracy denied, S. 87.
[16] Vgl. Plut. Kim. 15, 1–2; Aristot. Ath. pol. 25, 2.
[17] Vgl. Plut. Per. 9.
[18] Vgl. Mann: Demagogen, S. 50.
[19] Vgl. Aristot. Ath. pol. 25, 3–4.
[20] Vgl. Mann: Demagogen, S. 46.
[21] Vgl. Aristot. Ath. pol. 27.
[22] Vgl. Mann: Demagogen, S. 50.
[23] Vgl. Rihll: Democracy denied, S. 87.
[24] Vgl. Mann: Demagogen, S. 47.

Persien hatte, sowie um ein Mächtegleichgewicht in Griechenland zu erhalten.[25] Kimon konnte die Debatte für sich entscheiden,[26] was dafürspricht, dass er vor der Reform die Mehrheit des Vertrauens des Volkes hatte. Er zog mit 4000 Hopliten in den Kampf.[27] Bei der Ankunft Kimons lehnten die Spartaner die Hilfe ab, da sie ein Bündnis zwischen Athen und Messeniern befürchteten,[28] so endete die Mission unglücklich und ruhmlos für Kimon.[29]

2. Die Reform Ephialtes` in Aristoteles´ *Der Staat der Athener*

Ephialtes nutzte die Abwesenheit Kimons, um seine Reform vorzubringen. Sein Verbündeter war Themistokles, der selbst Mitglied des Areopags war, aber kurz vor einer Verurteilung wegen Perserfreundlichkeit stand. Da Themistokles den Rat komplett auflösen wollte, intrigierte er. Er erzählte Ephialtes, dass die Areopagiten ihn festnehmen wollten. Dem Rat sagte er, er würde ihnen eine Versammlung zeigen, die das Ziel verfolge, den Areopag zu stürzen. So führte Themistokles die Areopagiten zu Ephialtes, der eine Versammlung abhielt. Ephialtes war nur in seinem Oberhemd gekleidet und setzte sich an den Altar, alle wunderten sich darüber. Nach diesem Ereignis klagten Ephialtes und Themistokles, als der Rat der 500 zusammentrat, den Areopag an. Dies wiederholten die beiden vor dem Volk.[30] So wurden auf Anraten Ephialtes´, die Funktionen des Areopags beschnitten und Ephialtes übertrug ihre Amtsführung anschließend auf den Rat der 500, auf die Volksversammlung und auf die Gerichte.[31]

3. Innen- und außenpolitische Lage Athens nach der Reform

Als Kimon von seiner gescheiterten Mission zurückkam, war er starkem Druck ausgesetzt. Er hatte eine panhellenische Einstellung, die Sparta einschloss.[32] Deshalb wurde ihm vorgeworfen die Interessen Spartas vor die Macht Athens zusetzen.[33] Er versuchte die Reform rückgängig zu machen und scheiterte. Beim Ostrakismos 461 unterlag Kimon und wurde der Polis verbannt.[34] Somit verlor die pro spartanische Seite einen wichtigen Vertreter. Durch die abgelehnte Hilfe Athens von Sparta kam es zu einem Wechsel der Allianzen. Athen beendete das seit 481 bestehende Bündnis mit Sparta und ging eine

---

[25] Vgl. Welwei: Klassische Athen, S. 91.
[26] Vgl. Plut. Kim. 16, 8.
[27] Vgl. Welwei: Klassische Athen, S. 91.
[28] Vgl. Thuk. 1, 102, 4.
[29] Vgl. Plut. Kim. 17, 1–3.
[30] Vgl. Aristot. Ath. pol. 25, 3–4.
[31] Vgl. Ebd., 25, 2.
[32] Vgl. Plut. Kim. 15–16.
[33] Vgl. ebd., 17, 8.
[34] Vgl. Mann: Demagogen, S. 49.

Allianz mit dem Feind Spartas, Argos, ein.[35] Kurz darauf wurde Ephialtes ermordet[36] und seine Reform aufgelöst.[37] Der Stein, in den diese eingemeißelt war, wurde zerstört.[38] So gibt es keine direkte Aufzeichnung über die Reform.

IV. Die Funktionen des Areopags vor und nach 462/1

Aufgrund der Quellenprobleme lassen sich nur Vermutungen über die Aufgaben des Areopags vor 462/1 aufstellen. Da es keine genauen Aufzeichnungen über die Funktionen des Areopags gibt, müssen diese nachvollzogen werden, um Rückschlüsse auf die Reform des Ephialtes ziehen zu können. Die bekannten Quellen geben zunächst einen Überblick über die Funktionen des Areopags: Bei Aristoteles heißt es, dass die Areopagiten die Gesetze überwachten, für die wichtigsten Angelegenheiten der Polis zuständig waren und Vergehen gegen diese mit Strafen und Bußen ahndeten.[39] In Plutarchs *Kimon* wird der Areopag als Gerichtshof aufgeführt[40] und in seinem *Solon* als Wächter über die Verfassung beschrieben.[41]

1. Kontrolle der Amtsträger

Eine angenommene Aufgabe des Areopags ist die Kontrolle der Amtsträger.[42] Im 4. Jh. musste jeder Athener, der für ein Amt gewählt bzw. gelost wurde, sich einer vorgeschalteten Kontrolle unterziehen, der *dokimasía*. Wer für die Durchführung dieser Kontrolle zuständig war, hatte durch das Vetorecht viel Macht.[43] Diese Prüfung wurde nach der Reform nachweislich vom Rat der 500 und dem Gericht vollzogen. Geprüft wurde zunächst, ob der Amtsanwärter ein Athener war sowie Pflege des Kultes betrieb, die Existenz eines Familiengrabes und die Steuerzahlung.[44] Der zweite Teil der *dokimasía* war vermutlich ein formelles Gespräch.[45] Ersteres wurde wahrscheinlich bereits bei Kleisthenes eingeführt und es ist anzunehmen, dass dieser Teil des Verfahrens vor 462/1 durch den Areopag durchgeführt wurde.[46] Auch Martin unterstützt diese These. Er führt an, dass es die *dokimasía* vor 462/1 gegeben hatte, in den Aufgabenbereich der Areopagiten fiel

---

[35] Vgl. Thuk.1, 102, 3–4.
[36] Vgl. Aristot. Ath. pol. 25, 5; Plut. Per. 10, 8.
[37] Vgl. Rihll: Democracy denied, S. 98.
[38] Vgl. ebd., S. 87.
[39] Vgl. Aristot. Ath. pol. 3, 6.
[40] Vgl. Plut. Kim. 15, 3.
[41] Vgl. Plut. Sol. 19.
[42] Vgl. Ath. pol. 3, 6.
[43] Vgl. ebd., 55, 4.
[44] Vgl. ebd., 55.
[45] Vgl. Rihll: Democracy denied, S. 94.
[46] Vgl. Mann: Demagogen, S 52.

und nach der Reform nachweislich nicht mehr in die Zuständigkeit der Areopagiten lag.[47] Mann spricht dieser These eine gewisse Möglichkeit zu, führt aber als Gegenargument die geringe Quellenlage an.[48] Nach der Reform wurde den Areopagiten diese Aufgabe und somit die Funktion, demokratisch gewählte oder geloste Amtsträger den Antritt des Amtes zu hindern, genommen. Dadurch konnte der Areopag nicht mehr alleine über die Aufnahme ehemaliger Archonten in den Rat entscheiden.[49] Die gleiche These lässt sich für die abschließende Rechenschaftsablegung nach Amtszeit aufstellen.[50]

2. Gerichtshof mit Fokus auf *eisangelía* und Blutgericht

Nach Aristoteles hatte Solon dem Areopag die *eisangelía* übertragen, somit hatten die Areopagiten eine Funktion als Gerichtshof.[51] Bei Eisangeliaverfahren handelte es sich um eine Form des Kriminalprozesses, die unter anderem mit dem Verfassungsschutz zusammenhingen. Im späten 5. und im 4. Jh. wurden jene Prozesse dann vom Rat der 500 sowie der Volksversammlung eingeleitet und an einen Gerichtshof des Volksgerichtes weitergegeben.[52] R. Sealey und weitere Forscher sind sich sicher, dass diese Aufgabe vor Ephialtes bei den Areopagiten lag.[53] Des Weiteren betont Sealey, dass diese Zuständigkeit nicht durch ein Gesetz geregelt wurde, sondern dass der Ankläger zu jener Person ging, den er für am geeignetsten hielt.[54] Daraus lässt sich ableiten, dass die *eisangelía* vom Areopag auf den Rat der 500 und/oder die Volksversammlung übertragen wurde. Hierbei handelte es sich jedoch eher um einen Wechsel der Praxis als ein um ein Phänomen, das durch die Reform bedingt wurde.[55] Demnach übernahm der Rat der 500 erst nach der Reform eine wichtige Rolle in Gerichtsverfahren.[56]

Zur Zeit des Aristoteles war der Areopag als Gerichtshof für Gift und Brandstiftung im Zusammenhang mit Mord zuständig.[57] Verschiedene Quellen unterstützen die Annahme, dass der Areopag für die Blutsgerichtbarkeit zuständig war und diese nach der Reform beibehielt.[58] Martin führt außerdem auf, dass der Areopag für Strafen in religiösen

---

[47] Vgl. Martin: Von Kleisthenes zu Ephialtes, S. 417.
[48] Vgl. Mann: Demagogen, S. 52.
[49] Vgl. Welwei: Klassische Athen, S. 92.
[50] Vgl. Aristot. Ath. pol. 54, 2.
[51] Vgl. ebd., 8, 4.
[52] Vgl. Mann: Demagogen, S. 52; Wallace, R. W.: The Areopagos council, to 307 B.C. Baltimore 1989, S. 76.
[53] Vgl. Sealey, R: Ephialtes, eisangelia and the Council. In: Athenian Democracy. Hrsg. v. P. J. Rhodes. Edinburgh 2004, S. 310–324, S. 312.
[54] Vgl. ebd., S. 312f.
[55] Vgl. Rihll: Democracy denied, S. 88.
[56] Vgl. Mann: Demagogen, S. 52.
[57] Vgl. Aristot. Ath. pol. 57, 3.
[58] Vgl. Aischyl. Eum. 681ff.; Aristot. Ath. pol. 16,8; Plut. Sol. 19; Demosth. or. 23, 66.

Angelegenheiten zuständig war und nach der Reform blieb.[59] Demnach verlor der Areopag nicht in allen Bereichen seine Kompetenzen und galt auch weiterhin als angesehener Gerichtshof.[60]

3. Aufsicht über die Verfassung der Polis

Zur Überwachung der Verfassung beauftragte, den Quellen nach, Solon den Areopag.[61] Mit der Aufsicht über die Verfassung war vermutlich Verfassungsschutz, also die Verteidigung vor Feinden, die dem Staat schaden könnten durch verfassungswidrige Gesetze oder Zerstörung von Akten, gemeint. Auch bestand ihre Aufgabe darin die Verfahren gegen Feinde, wie *eisangelía*, durchzuführen.[62] Nach G. L. Cawkwell war der Entzug der Verfassungskontrolle des Areopags und die Übertragung auf ein demokratisches Gremium Ephialtes' Hauptziel.[63] Cawkwell stützt sich hierbei auf eine Notiz Philochoros', der schrieb, dass Ephialtes sieben Nomophylakes einsetzte, die die Kontrolle der Verfassung übernahmen. Die Forschung zweifelt an Cawkwells These[64] und wirft so auch die Frage auf, ob eine Überwachung der Gesetze als solche durch den Areopag überhaupt stattgefunden hatte. Zum einen führt die Forschung an, dass es vor 322 keine Aufzeichnungen über die Nomophylakes gibt. Cawkwell hält hier zwar entgegen, dass diese nur kurze Zeit bestanden und durch das *graphē paranomōn* ersetzt wurde.[65] Anzunehmen ist jedoch, dass die sieben Nomophylakes im letzten Drittel des 5. Jh. datiert werden müssen, da sie erstmalig 415 in den Quellen auftauchen[66] und dementsprechend kann die These Cawkwells widerlegt werden. Zum anderen spricht gegen seine These, dass „eine formelle Verfassungskontrolle […] in der ersten Hälfte des 5. Jahrhunderts weder belegt noch plausibel ist"[67]. Dementsprechend war der Areopag zwar mit Aufgaben betraut, die dem Schutz der Verfassung dienten, es war jedoch weder seine Hauptaufgabe noch war dies gesetzlich geregelt.

---

[59] Vgl. Martin: Von Kleisthenes zu Ephialtes, S. 414; Meier: Athen, S. 339.
[60] Vgl. Demosth. or. 23, 66.
[61] Vgl. Aristot. Ath. pol. 8, 4; Plut. Sol. 19.
[62] Vgl. Rihll: Democracy denied, S. 88.
[63] Vgl. Cawkwell, G. L.: ΝΟΜΟΦΥΛΑΚΙΑ and the Areopagus. In: The Journal of Hellenic Studies, Bd. 108 (1988), S. 1–12, S. 3.
[64] Vgl. Martin: Von Kleisthenes zu Ephialtes, S. 415; Hignett, C.: History of the Athenian Constitution to the End of the Fifth Century B.C. Oxford 1952, S. 209.
[65] Vgl. Cawkwell: ΝΟΜΟΦΥΛΑΚΙΑ, S. 3.
[66] Vgl. Mann: Demagogen, S. 53; Martin: Von Kleisthenes zu Ephialtes, S. 415.
[67] Mann: Demagogen, S, 53; vgl. Martin: Von Kleisthenes zu Ephialtes, S. 414.

V.   Absichten der Reform

Die Auseinandersetzung mit Ephialtes´ Reform wirft weitere Fragen auf: Welche Absichten verfolgte Ephialtes? Auch hier ist die Quellenlage sehr dünn. Die Seminararbeit befasst sich mit drei Thesen, die in der Forschung diskutiert werden und die auf den ersten Blick logisch erscheinen, aber bei genauerer Betrachtung Zweifel aufwerfen.

1. These: Reform als natürliche Konsequenz

Das Anstreben der Reform war eine natürliche Konsequenz „der Einführung eines neuen Bestellungsmodus für die Archonten".[68] Gemeint ist, dass es aufgrund einer Verschlechterung des Rates keine Grundlagen für den Beibehalt der Funktionen des Areopags mehr gab. Badian widerlegt die Annahme, da sich die Zusammensetzung des Areopags nach der Reform nicht veränderte.[69] Auch bei Aristoteles findet sich, dass die Beraubung der Funktionen des Areopags keine Auswirkungen auf die soziale Zusammensetzung hatte, denn zugelassen waren zunächst weiterhin nur die Angehörigen der oberen beiden Vermögensklassen. Dies änderte sich erst 458/7 durch die Zulassung der Zeugiten.[70]

2. These: Ephialtes war Demokrat

Ephialtes soll ein überzeugter Demokrat gewesen sein. Dies würde die Reformvorschläge erklären. Aber es ist banal anzunehmen, dass eine Person des Adels aus eigenem Interesse ein Demokrat wurde.[71] Solange dies nicht sinnvoll erklärt werden kann, erscheint es unzureichend die Reform durch demokratisches Interesse zu erklären.

3. These: Ephialtes´ politischen Interessen

Ephialtes könnte auch die Intension verfolgt haben, politische Ziele in seinem Interesse durchsetzen zu wollen, die von den Areopagiten nicht unterstützt wurden. Hier kann auf die innenpolitischen Spannungen hingewiesen werden. Ephialtes war gegen eine Unterstützung Spartas, wohingegen Kimon dafür war. Da Kimon bis zu seiner Niederlage in genau dieser Unterstützungsfrage ein bedeutender Mann gewesen war und der Areopag die Herrschaft ausübte, war der Rat wahrscheinlich pro spartanisch.[72] Die innenpolitischen Spannungen ermöglichte Athen einen außenpolitischen Kurswechsel. Es konnte Sparta entgegengewirkt werden und neue Allianzen erzielt werden.[73]

---

[68] Martin: Von Kleisthenes zu Ephialtes, S. 417.
[69] Vgl. ebd., S. 418.
[70] Vgl. Aristot. Ath. pol. 26, 2.
[71] Vgl. Martin: Von Kleisthenes zu Ephialtes, S. 418.
[72] Vgl. Welwei: Klassisches Athen, S. 91.
[73] Vgl. Martin: Von Kleisthenes zu Ephialtes, S. 420.

VI.   Ephialtes als Vollender der Demokratie

Die aufgeführten Thesen, welche Absichten Ephialtes mit seiner Reform verfolgte, können auch heute noch nicht eindeutig belegt bzw. widerlegt werden und werfen weitere Fragen auf, wie z.b., ob Ephialtes der Vollender der Demokratie war. Rihll findet es logisch, dass Ephialtes im demokratischen Interesse gehandelt hatte, um die Demokratie voranzutreiben.[74] Wie bereits in These 2 genannt, ist es nicht stringent Ephialtes als Demokraten zu bezeichne. Dass die Reform Ephialtes´ ein fundamentaler Einschnitt in die Geschichte Athens war und somit Ephialtes der Vollender der Demokratie war, ist ebenso wenig plausibel.[75] Es kann nicht davon ausgegangen werden, dass die innenpolitischen Konflikte durch eine Demokratieführung bestimmt wurden, noch, dass sich etwas an der sozialen Zusammensetzung änderte. Die Reform Ephialtes´ ist also eher eine Etappe zur Vollendung der Demokratie, die mit zeitlichem Abstand deutlich wird. Es handelt sich also um ein Beispiel für den Mechanismus der politischen Auseinandersetzungen in Athen, wie es E. Ruschenbusch und L. G. H. Hall beschreiben.[76]

VII.   Fazit

Die Reform Ephialtes´ und die damit einhergehenden Änderungen der Funktionen des Areopags lassen sich aufgrund des Quellenproblems, nicht eindeutig rekonstruieren. Allgemein kann davon ausgegangen werden, dass der Areopag durch die Reform Ephialtes´ an einigen Funktionen verlor. Der Areopag kommt zwar nur in wenigen Quellen vor, aber die Erwähnungen sprechen für seine Existenz. Auch die Zuschreibung der Aufgaben ist in allen Quellen ähnlich und erscheint daher schlüssig. Wie genau der Aufgabenwechsel des Areopags jedoch aussah, kann nicht mit Sicherheit gesagt werden. In Bezug auf die Beamtenkontrolle ist es logisch, sich der Mehrheit der Forschung anzuschließen, dass der Areopag vor 462/1 für die Kontrolle der Amtsträger zuständig war und diese Zuständigkeit durch die Reform verlor. Diese wurde dann auf den Rat der 500 sowie die Volksversammlung übertragen, was aus den Quellen ersichtlich wird. Auch dass die Areopagiten, seit Solon, für die *eisangelía* zuständig waren und diese nach der Reform die Zuständigkeit verloren scheint plausibel. Der Ankläger ging zu jenem Gremium, das er am geeignetsten hielt. Es ist evident, dass jeweils das Gremium mit der größten Autorität ausgewählt wurde. Die Funktion als Blutgericht behielt der Areopag nach der Reform bei, was

---

[74] Vgl. Rihll: Democracy denied, S. 97.
[75] Vgl. Mann: Demagogen, S. 56.
[76] Vgl. Ruschenbusch, E.: Ephialtes. In: Historia. Zeitschrift für Alte Geschichte, Bd. 15 (1966), S. 369–376, S. 370; Hall, L. G. H.: Ephialtes, the Areopagus and the Thirty. In: The Classical Quarterly, Bd. 40 (1990), S. 319–328, S. 319.

die Quellen einheitlich wiedergeben. Die Areopagiten waren wahrscheinlich nie direkt Beschützer der Verfassung, sondern nur in Form der *eisangelía* dafür zuständig. Alles andere, das zum Verfassungsschutz gehörte, ist zu jener Zeit weder durch Quellen belegt, noch erscheint diese Aufgabe notwendig. Der Areopag hatte sicher vor der Reform gewisse Aufgaben inne, die aber nie durch das Gesetz geregelt waren, sondern durch sein Ansehen legitimiert waren. Dieses Ansehen verlor der Areopag nach der Reform nicht vollständig, was durch die bestehende Aufgabe als Blutgericht ersichtlich wird. Auch über die Gründe der Reform kann keine eindeutige Erklärung gefunden werden. Wobei These drei, Ephialtes wollte seine eigenen politischen Ziele durchsetzen, am logischsten erscheint, da es innenpolitische Spannungen sowie einen außenpolitischen Kurswechsel der Athener um 462/1 gab. In diesem Zusammenhang erscheint es unlogisch, Ephialtes als Vollender der Demokratie zu bezeichnen, da er wahrscheinlich kein Demokrat war und sich die soziale Zusammensetzung des Areopags nachweislich nicht durch die Reform änderte. Die Polis befand sich um 462/1 noch auf dem Weg zu einer Demokratie.

Die Glaubwürdigkeit des Aristoteles in Bezug auf die Reform Ephialtes´ und den Funktionen des Areopags, muss heute noch zurecht angezweifelt werden. Auch die genauen Inhalte der Reform müssen weiter untersucht werden. Anzunehmen bleibt, dass der Areopag durch die Reform an Aufgaben und so auch an Macht verlor. Womit sich die Seminararbeit der Hauptannahme der Forschung anschließt.[77] Weiterhin bleiben über Ephialtes´ Reform viele Fragen offen: Z.B. was der genaue Inhalt der Reform und die Beweggründe Ephialtes´ waren. Aber auch die Funktionen des Areopags, lassen sich nicht eindeutig beantworten. Hier ist noch vertiefende Forschung nötig sowie die Hoffnung auf weitere Quellenfunde, um den Werdegang der Demokratie nachvollziehen zu können.

---

[77] Vgl. Martin: Von Kleisthenes zu Ephialtes, S. 413, 417; Welwei: Klassisches Athen, S. 91f.; Mann: Demagogen, S. 52.

VIII.   Bibliographische Angaben

1. Quellenverzeichnis

Aeschylus: Oresteia. Agamemnon. Libation-Bearers. Eumenides. Übersetzt von A. H. Sommerstein. Cambridge 2009.

Aristoteles: Der Staat der Athener. Übersetzt von M. Dreher. Stuttgart 1997.

Demosthenes: Orations, Volume III: Orations 21-26: Against Meidias. Against Androtion. Against Aristocrates. Against Timocrates. Against Aristogeiton 1 and 2. Übersetzt von J. H. Vince. Cambridge 1935.

Plutarch: Lives, Volume I: Theseus and Romulus. Lycurgus and Numa. Solon and Publicola. Übersetzt von B. Perrin. Cambridge 1914.

Plutarch: Lives, Volume II.Themistocles and Camillus. Aristides and Cato Major. Cimon and Lucullus. Übersetzt von B. Perrin. Cambridge 1914.

Plutarch: Lives, Volume III. Pericles and Fabius Maximus. Nicias and Crassus. Übersetzt von B. Perrin. Cambridge 1916.

Thucydides: History of the Peloponnesian War. Volume I: Books 1-2. Übersetzt von C. F. Smith. Cambridge 1919.

2. Literaturverzeichnis

Cawkwell, G. L.: ΝΟΜΟΦΥΛΑΚΙΑ and the Areopagus. In: The Journal of Hellenic Studies, Bd. 108 (1988), S. 1–12.

Hall, L. G. H.: Ephialtes, the Areopagus and the Thirty. In: The Classical Quarterly, Bd. 40 (1990), S. 319–328.

Hignett, C.: History of the Athenian Constitution to the End of the Fifth Century B.C. Oxford 1952.

Mann, C.: Die Demagogen und das Volk. Zur politischen Kommunikation im Athen des 5. Jahrhunderts v. Chr. Bd. 13: Klio. Beiträge zur Alten Geschichte. Berlin 2007.

Martin, J.: Von Kleisthenes zu Ephialtes. Zur Entstehung der athenischen Demokratie. In: Bedingungen menschlichen Handelns in der Antike. Gesammelte Beiträge zur Historischen Anthropologie. Hrsg. v. W. Schmitz. Stuttgart 2009, S. 389–427.

Meier, C.: Athen. Ein Neubeginn der Weltgeschichte. Darmstadt 2004.

Rhodes, P. J.: The Athenian Boule. Oxford 1972.

Rihll, T. E.: Democracy denied. Why Ephialtes attacked the Areiopagus. In: JHS 115 (1995), S. 87–98.

Ruschenbusch, E.: Ephialtes. In: Historia. Zeitschrift für Alte Geschichte, Bd. 15 (1966), S. 369–376.

Sealey, R: Ephialtes, eisangelia and the Council. In: Athenian Democracy. Hrsg. v. P. J. Rhodes. Edinburgh 2004, S. 310–324.

Swoboda, H: s. v. Ephialtes, RE 5, 2 (1905), Sp. 2849–2852.

Thallheim, T: s. v. Ἄρειος πάγος, RE 2, 1 (1895), Sp. 627–633.

Wallace, R. W.: The Areopagos council, to 307 B.C. Baltimore 1989.

Welwei, K.-W.: Das klassische Athen. Demokratie und Machtpolitik im 5. und 4. Jahrhundert. Darmstadt 1999.